Bibliografische Information der Deutschen Nationalbibliothek:

Die Deutsche Bibliothek verzeichnet diese Publikation in der Deutschen National-bibliografie; detaillierte bibliografische Daten sind im Internet über http://dnb.d-nb.de/ abrufbar.

Impressum:

Copyright © 2018 GRIN Verlag
Druck und Bindung: Books on Demand GmbH, Norderstedt Germany
ISBN: 9783668766198

Dieses Buch bei GRIN:

https://www.grin.com/document/436010

Sandra Waldeyer

Chancen und Risiken virtueller Teams. Etablierung sowie Anforderungen an Mitglieder und Führung

Arbeitskraftunternehmer. Fragmentierte Erwerbsbiographien

GRIN Verlag

GRIN - Your knowledge has value

Der GRIN Verlag publiziert seit 1998 wissenschaftliche Arbeiten von Studenten, Hochschullehrern und anderen Akademikern als eBook und gedrucktes Buch. Die Verlagswebsite www.grin.com ist die ideale Plattform zur Veröffentlichung von Hausarbeiten, Abschlussarbeiten, wissenschaftlichen Aufsätzen, Dissertationen und Fachbüchern.

Besuchen Sie uns im Internet:

http://www.grin.com/

http://www.facebook.com/grincom

http://www.twitter.com/grin_com

Einsendeaufgabe

Alternative B
Die Zukunft der Erwerbsarbeit

elektronisch versendet am 31.07.2018 im Online Campus

Modulverantwortliche Hochschullehrer:

SRH Fernhochschule

Modul: Rahmenbedingungen der Personal- und Organisationspsychologie

Studiengang: Wirtschaftspsychologie

von

Sandra Waldeyer

Studiengang: Wirtschaftspsychologie (B.Sc.)

Inhaltsverzeichnis

Abkürzungsverzeichnis

FSJ   Freiwilliges Soziales Jahr

IuK-Medien   Informations- und Kommunikationsmedien

MNU   Multinationales Unternehmen

z.B.   zum Beispiel

Abbildungsverzeichnis

Tabellenverzeichnis

Anlagenverzeichnis

Aufgabe B1

Virtuelle Teams sind flexible Arbeitsgruppen standortverteilter und ortsunabhängiger Mitarbeiter, die auf der Basis von Arbeitsaufträgen ergebnisorientiert zusammenarbeiten und informationstechnisch vernetzt sind. In der betrieblichen Praxis finden sich unterschiedlichste Ausprägungen virtueller Teams, jedoch sind alle durch drei gemeinsame Haupteigenschaften gekennzeichnet. Sie sind an dezentralisierten und delokalisierten Arbeitsorten tätig, nutzen primär elektronische Kommunikationsmedien und weisen grundlegende Merkmale traditioneller Arbeitsgruppen auf (Konradt & Hertel, 2002, S. 17-18).

Die Vorteile virtueller Teams in Organisationen begründen sich vorwiegend auf den positiven Effekten konventioneller Gruppenarbeit in Kombination mit den Vorzügen der Anwendung moderner Informations- und Kommunikationsmedien, den sogenannten IuK-Medien (Kauffeld, 2014).
Das Team kann unabhängig von der räumlichen Verfügbarkeit der Mitglieder zusammengesetzt werden. Dies ermöglicht eine Auswahl nach fachlichen Qualifikationen, eine sofortige Zugänglichkeit der Mitarbeiter sowie die Möglichkeit der Integration freier Mitarbeiter. Die räumliche Ungebundenheit bietet weitere positive Aspekte. Regional verfügbares Spezial- und Expertenwissen kann optimal genutzt werden. Die regionen- und kulturübergreifende Besetzung vergrößert den „kulturellen Horizont" des Teams und wirkt sich förderlich auf seine Sensitivität, Flexibilität und Kreativität aus.
Die projektbezogene Informationsweitergabe und Dokumentation erfolgt durch moderne Kommunikationsmedien direkt und sehr schnell. So können beispielsweise Experten zeitnah im Rahmen einer Telefon- oder Videokonferenz einbezogen und Entscheidungen sowie fachliche Einschätzungen innerhalb des Teams im Rahmen von Online-Meetings zügig getroffen werden. Dies ermöglicht eine schnelle und flexible Reaktion auf Marktveränderungen und bietet somit Time-to-Market-Vorteile.
Zur Erhaltung und Steigerung der Wettbewerbsfähigkeit bieten virtuelle Teams den Vorteil einer erhöhten Flexibilität. Durch die Nutzung der unterschiedlichen Zeitzonen wird eine kontinuierliche Leistungserstellung beziehungsweise ein 24-Stunden Kundenservice (z.B. eine Hotline) ermöglicht.

IuK-Medien erhöhen und gewährleisten die Verfügbarkeit der Informationen innerhalb des Teams. Alle relevanten Daten liegen im Regelfall in digitaler Form vor und können entsprechend nachvollzogen werden.

Virtuelle Teams führen zu Kosteneinsparungen in Organisationen. Einerseits kommt es zu einer signifikanten Senkung von Anwerbekosten und Trennungsentschädigungen. Andererseits werden durch die Nutzung der IuK-Medien Reisen für Projektbesprechungen und damit verbundene Reisekosten auf ein Minimum reduziert.

Aus der Verlagerung von Telearbeitsplätzen der Teammitglieder in den privaten Wohnraum resultieren verringerte Raumkosten am Unternehmensstandort und eine Senkung der Lohnnebenkosten durch z.B. den Entfall von Zuschüssen für Kantinenessen oder der Versicherung gegen Arbeitsunfälle.

Die Arbeit in virtuellen Teams kann zu einer höheren Arbeitsmotivation und Arbeitszufriedenheit der Teammitglieder führen. Dies basiert primär auf der gesteigerten Zeitsouveränität, flexibleren Arbeitszeiten und einer Ausweitung der individuellen Handlungs- und Entscheidungsspielräume.

Die positive Außenwirkung telekooperativer Arbeit wirkt sich förderlich auf die Anwerbung potentieller Mitarbeiter aus.

Die Etablierung virtueller Teams bietet für Unternehmen die Möglichkeit organisatorisch umzustrukturieren, da mit deren Einführung meist weitere Rationalisierungs- und Flexibilisierungsinstrumente wie z.B. Geschäftsprozessoptimierung oder Arbeitszeitflexibilisierung einhergehen. Des Weiteren wird eine verbesserte Integration der Gruppe in die Abteilung durch das Auslassen von Hierarchieebenen erreicht (Konradt & Hertel, 2002, S. 30-32).

Da auch Unternehmen eine ökologische Verantwortung tragen, rücken Umweltaspekte immer mehr in den Fokus. Virtuelle Teams tragen aufgrund entfallener Reisetätigkeiten zu einer erhebliche Reduktion des Schadstoffausstoßes und somit zu einer besseren Klimabilanz bei (Haywood, 1998, S. 8).

Virtuelle Teamarbeit bietet viele Vorteile jedoch ergeben sich auch einige Herausforderungen und Risiken.

Ein persönliches Treffen der Teammitglieder intern oder mit Kunden führt zu einem erhöhten Organisationsaufwand, der besonders bei international besetzten Teams mit erheblichen Zeit- und Kostenbelastungen verbunden ist.

Bei Mitgliedern virtueller Teams besteht die Gefahr der verringerten Identifikation mit dem Unternehmen und den damit verbundenen Werten, Normen und Kulturen. Dies ist vor allem eine Folge der räumlichen Trennung vom betriebsinternen Arbeitsplatz und den Arbeitskollegen.

Grundvoraussetzung für die Telearbeit bilden die IuK-Medien. Entsprechend hoch ist die Abhängigkeit und damit verbundene technische Probleme.

Telekooperative Arbeitsplätze haben den Nachteil der mangelnden Kontrollmöglichkeiten für Unternehmen. Sie müssen den Mitgliedern vertrauen, dass diese ihre Arbeit korrekt leisten, zu den vorgegebenen Zeiten arbeiten oder die geleisteten Stunden wahrheitsgemäß erfassen.

Die Bewertung der Leistung innerhalb des Teams gestaltet sich für die Teamleiter mitunter als schwierig, da es an Hinweisreizen und Feedback mangelt. Auch das aktuelle Klima, die Arbeitszufriedenheit und –motivation der Mitglieder sind aufgrund der räumlichen Distanz schwerer zu erfassen.

Da die Informationen intern schnell und direkt weitergegeben werden, kann dies unter bestimmten Umständen die unkontrollierbare Eskalation von Konflikten fördern. Auch kulturelle und sprachliche Missverständnisse innerhalb des Teams können zu Auseinandersetzungen führen (Konradt & Hertel, 2002, S. 32-34).

In virtuellen Teams kann es aufgrund unterschiedlicher Faktoren zu Motivationsverlusten der Mitglieder kommen. Zum einen durch mangelnde persönliche und entsprechend beinahe ausschließliche Kommunikation über IuK-Medien, was zu einer wachsenden Anonymität und De-Individuation der Mitglieder führt und den Aufbau eines Vertrauensverhältnisses untereinander erheblich erschwert (Kauffeld, 2014). Zum anderen durch suboptimale Teamprozesse. So besteht das Risiko, dass einzelne Teammitglieder dazu tendieren die Arbeit den anderen Teammitgliedern zu überlassen. Dies tritt besonders dann auf, wenn die Einzelleistung im Gesamtergebnis nicht identifizierbar ist oder Mitglieder glauben ihre eigene Leistung sei nicht relevant (Orlikowski, 2002, S. 17-18).

Virtuelle Teams erfordern, bedingt durch die räumliche Distanz der Teammitglieder untereinander, ein spezielles Führungsmodell um erfolgreich sein zu können. Führungskräfte virtueller Teams haben weniger traditionelle Managementtätigkeiten sondern deren Hauptaufgabe liegt primär in der Koordination, Beratung und Unterstützung der gewissermaßen selbständigen Mitarbeiter. Daraus resultierend ergibt sich das Erfordernis nach delegativen Managementkonzepten im Sinne von „Management by Objectives". Folglich müssen die Führungskräfte Eigenschaften aufweisen, die mit delegativen Führungskonzepten übereinstimmen und gleichzeitig über umfangreiche Kommunikations-, Sozial-, Persönlichkeits-, Medien- und Fachkompetenzen verfügen (Konradt & Hertel, 2002, S. 50-51).

Anforderungen an Teamleiter in virtuellen Teams

- Ein relativ niedriges Kontrollbedürfnis bzw. eine hohe Vertrauensbereitschaft in die Mitarbeiter.

- Eine hohe partizipative Orientierung, um die Mitarbeiter ausreichend zu motivieren.

- Fairness und Integrität, um Vertrauen der Mitarbeiter aufzubauen und auch entfernt arbeitende Mitarbeiter an sich zu binden.

- Sozioemotionale Sensibilität für die Bedürfnisse der Mitarbeiter sowie für das generelle Klima im Team.

- Kommunikative Fähigkeiten mit elektronischen Medien, die neben der Kenntnis technischer Möglichkeiten v. a. auch die sozioemotionale Wirkung der verschiedenen Medien berücksichtigen.

- Die Fähigkeit, hohe aber gleichzeitig realistische Ziele zu entwickeln sowie den Mitarbeitern auch auf Entfernung konstruktives Feedback zu geben.

- Die Fähigkeit, eine klare und motivierende Vision hinsichtlich der Ziele des Teams zu entwickeln und diese zu kommunizieren und aufrechtzuerhalten.

- Kenntnisse zu den verschiedenen Entwicklungsphasen virtueller Teams und die Fähigkeit, das eigene Verhalten entsprechend anzupassen.

- Toleranz und Sensibilität hinsichtlich kultureller Unterschiede und die Bereitschaft, zwischen verschiedenen Kulturen zu vermitteln.

Tabelle 1: Anforderungen an Teamleiter in virtuellen Teams
(Quelle: Konradt & Hertel 2002, S. 51)

Der Erfolg eines virtuellen Teams hängt nicht nur von der Teamleitung sondern maßgeblich von den Projektmitarbeitern ab. Werden neue virtuelle Teams gebildet, erfolgt die Auswahl der Mitglieder primär nach deren fachlicher Qualifikation.

Jedoch sollten neben der fachlichen Kompetenz auch weitere Faktoren, sogenannte Soft-Skills, berücksichtig werden. Diese tragen zur Sicherung eines bestmöglichen Ablaufs der Teamarbeit bei. So sollten Mitglieder virtueller Teams bestimmte persönliche Eigenschaften vorweisen (Konradt & Hertel, 2002, S. 52).

Anforderungen an Mitglieder virtueller Teams

- Geringe Computerangst; Spaß an neuer Informations- und Kommunikationstechnologie.
- Fähigkeit und Bereitschaft zur eigenständigen Einarbeitung in neue Prozeduren.
- Hohe Flexibilität bezüglich neuer Entwicklungen und unerwarteter Probleme.
- Kreativität und ein geringes Bedürfnis nach festen Strukturen.
- Hohe Selbstkontrolle und Fähigkeit zum Selbstmanagement.
- Verlässlichkeit und Gewissenhaftigkeit.
- Hohe intrinsische Motivation und Identifikation mit der Arbeit.
- Gute verbale und soziale Fähigkeiten für die Kommunikation mittels elektronischer Medien.
- Hohe Vertrauensbereitschaft.
- Teamorientierung und Konfliktfähigkeit trotz hoher Autonomie.
- Hohe Eigenverantwortlichkeit für die Verbesserung der Teamarbeit.

Tabelle 2: Anforderungen an Mitglieder virtueller Teams
(Quelle: Konradt & Hertel 2002, S. 53)

Ein multinationales Unternehmen (MNU) ist ein rechtlich selbstständiges Unternehmen dessen Hauptsitz sich im Inland befindet und mindestens eine Tochtergesellschaft im Ausland hat. Entsprechend haben MNU auch mehr als einen Produktionsstandort (Dunning & Lundan, 2008, S. 3). Umgangssprachlich werden diese auch als Global Player bezeichnet wie z.B. Daimler, Shell oder Siemens.
Für die Etablierung eines virtuellen Teams in einem MNU muss zuerst eine Grundstruktur geschaffen werden.
Dies beinhaltet die Auswahl der geeigneten Teammitglieder. Neben den bereits genannten Anforderungen muss in diesem Fall bedacht werden, dass die Team-

mitglieder aus unterschiedlichen Ländern stammen und somit interkulturelle Aspekte wie spezifisches Verhalten, Werte und Normen berücksichtigt werden müssen. Idealerweise haben die potentiellen Mitglieder bereits interkulturelle Erfahrungen. Damit das Team über Ländergrenzen hinweg erfolgreich arbeiten kann ist es wichtig, dass der Teamleiter seine Mitglieder für die kulturellen Unterschiede sensibilisiert und entsprechende Maßnahmen zur Entwicklung einer optimalen Teamfähigkeit ergreift. Zielsetzung sollte sein, dass ein Klima der Toleranz und Akzeptanz innerhalb des Teams aktiv gefördert wird (Konradt & Hertel, 2002, S. 57-58).

Ein weiterer elementarer Faktor ist die technische Umsetzung. Ein virtuelles Team lebt im virtuellen Raum. Dies bedeutet, es müssen die technischen Voraussetzungen geschaffen werden, dass alle Mitglieder miteinander arbeiten und kommunizieren können. Auf organisatorischer Ebene sollten einerseits entsprechende IuK-Medien ausgewählt und andererseits die Teammitglieder in deren Nutzung geschult werden. Dabei sollte die Auswahl der IuK-Medien unter der Prämisse erfolgen, dass diese die Arbeitsweise virtueller Teams bestmöglich unterstützen (Bärmann & Gauss-Kuntze, 2018, S. 337). Die immense Weiterentwicklung der Internet-Technologie in den letzten Jahren bietet eine Vielzahl unterschiedlicher Möglichkeiten zur virtuellen Kommunikation und Koordination. So bieten Conferencing-Systeme die Möglichkeit zur synchronen oder asynchronen Kommunikation zwischen den Teammitgliedern. Weitere Anwendungen sind beispielsweise Calendering, Shared Folder und Bulletin-Board-Systeme. Idealerweise werden diese unterschiedlichen Anwendungen in einem einheitlichen Groupware-System zentralisiert (Konradt & Hertel, 2002, S. 66).

Sind die grundsätzlichen Rahmenbedingungen geklärt, kann mit der eigentlichen Teambildung unter Berücksichtigung interkultureller Aspekte begonnen werden. In einem Kick-Off-Meeting treffen erstmals alle Teammitglieder aufeinander. Dieses erste Kennenlernen dient primär des Beziehungsaufbaus und der Vertrauensbildung innerhalb des Teams sowie der Mitteilung und Festlegung wichtiger Parameter der zukünftigen Zusammenarbeit wie Gestaltung und Verteilung der Aufgaben, Ziele, Budget oder Berichtswesen. Es bietet die Gelegenheit alle Teammitglieder kennenzulernen, Gemeinsamkeiten zu entdecken und private Interessen auszutauschen. Auch werden Grundsätze, Regeln und Rollen des

Teams vermittelt. Zielsetzung dieses ersten Treffens ist nicht die inhaltliche Bearbeitung der gemeinsamen Aufgabe sondern die Entwicklung einer positiven Einstellung zur Zusammenarbeit und ein damit verbundener Teamgeist. Das Kick-Off-Meeting bietet die Gelegenheit, sich abzeichnende oder noch vorhandene Konflikte aus einer vergangenen Zusammenarbeit frühzeitig anzusprechen und sofort etwaigen Konfliktfeldern entgegenzusteuern (Konradt & Hertel, 2002, S. 75-76).

Bereits in dieser ersten Phase ist es besonders wichtig, dass interkulturelle Aspekte berücksichtigt werden. So muss sich das Team auf eine gemeinsame Gruppensprache einigen. Um einen vertrauensvollen Umgang untereinander zu gewährleisten, sollten zwingend stereotype Vorurteile und Verunsicherungen bezüglich Normen- und Wertevorstellungen abgebaut werden.

Im weiteren Verlauf ist es sinnvoll, für das Team Regeln festzulegen. Diese sind ein wichtiges Instrument des Managements, welche verschiedene Aufgaben erfüllt. Regeln bieten Teammitgliedern Orientierung und Sicherheit, schaffen Vertrauen in die Prozesse des Teams und senken das Konfliktpotential. Inhaltlich können sich Regeln beispielsweise auf folgende Sachverhalte beziehen: Klärung von Zeithorizonten und regelmäßige Treffen, Umgang mit Informationen, Bearbeitungs- und Reaktionszeiten, Unterstützungsmöglichkeiten, Konfliktbehandlung, Führung und Hierarchie, Entscheidungsprozesse und Erwartungshaltungen. Alle Teammitglieder sollten bei der Festlegung der Regeln mitwirken, da somit später eine entsprechende Verbindlichkeit und Commitment gewährleistet wird (Konradt & Hertel, 2002, S. 78-80).

Hat das virtuelle Team die beschriebenen Phasen erfolgreich gemeistert und mit der gemeinsamen Arbeit begonnen, liegt es in der Verantwortung des Teamleiters die Zusammenarbeit aufrechtzuerhalten und zu regulieren um nachhaltig den Erfolg des Teams sicherzustellen. Dies erfolgt aufgrund der räumlichen Distanz primär durch indirekte Führungstechniken, die die Selbstbestimmtheit der Mitglieder herausstellen und sich förderlich auf die zwischenmenschlichen Vorgänge im Team auswirken. Kontrolle und direkte Führungsmaßnahmen nehmen dabei eine untergeordnete Rolle ein. Besondere Beachtung sollte der Förderung zielführender Kommunikationsstrukturen, eines feinfühlige Konfliktmanagements, der teaminternen Entwicklung von Motivation und Vertrauen sowie eines dienlichen Dokumentationsmanagements geschenkt werden (Konradt & Hertel, 2002, S. 82).

Aufgabe B2

In den letzten Jahren ist ein erheblicher Strukturwandel der betrieblichen Arbeitsorganisation in fast allen Bereichen der Wirtschaft beobachtbar. Diese Reorganisationsprozesse sind vor allem ein Resultat verschärfter Wettbewerbsbedingungen. Sie veranlassen Unternehmen zu einem enormen Kostenabbau und der Ausweitung der betriebsinternen Reaktionsmöglichkeiten.

Dementsprechend wird nun von Seiten der Unternehmen immer häufiger der Versuch unternommen, durch Flexibilisierung und Entgrenzung der Arbeit den Verantwortungsbereich der Arbeitenden zu erhöhen. Diese neuen Arbeitsformen haben für Arbeitskräfte zur Folge, dass sie einerseits ihre Arbeitstätigkeit selbstorganisiert gestalten können, dies andererseits aber auch zwingend tun müssen. Unternehmen reduzieren gezielt die Kontrolle und fordern im Gegenzug die Selbstorganisation. Diese vermeintliche Abschaffung der direkten Arbeitskontrolle wird im Regelfall durch strategische Vorgaben wie Kosten, Umsatz, Qualität usw. ersetzt. Daraus folgt, dass die Arbeitenden die Managementfunktionen der Arbeitssteuerung und Kontrolle sozusagen selbst übernehmen. Der Vorgang der Transformation von Arbeitspotential in konkrete Leistung wird auf sie übertragen (Pongratz & Voß, 2004, S. 21-23).

Diese Art der Verlagerung führt zu einer Veränderung des Charakters von Arbeitskraft. Der Arbeitnehmer wird selbst zum Auftragsnehmer einer Arbeitsleistung mit zeitlich begrenzten Auftragsbeziehungen und ersetzt damit den bisher vorherrschenden Typus von Arbeitskraft, der nach stetigen Arbeitsvorgaben und einem festen Arbeitsvertrag tätig ist (Minssen, 2012, S. 109).

Die Soziologen Pongratz & Voß (2004) benannten diesen neuen Typ als „Arbeitskraftunternehmer", gewissermaßen ein Unternehmer, der die eigene Arbeitskraft vermarktet. Der Arbeitskraftunternehmen grenzt sich von bisherigen Arbeitnehmer dadurch ab, dass dieser sowohl innerhalb des Betriebes als auch auf dem externen Arbeitsmarkt stetig seine Leistung anbietet und eigenverantwortlich die Leistungserbringung organisiert (S. 24).

Arbeitskraftunternehmer sind zusammenfassend durch folgende Merkmale gekennzeichnet:

Merkmale des Typus Arbeitskraftunternehmer	
Selbst-Kontrolle	Verstärkte selbständige Planung, Steuerung und Überwachung der eigenen Tätigkeit
Selbst-Ökonomisierung	Zunehmende aktiv zweckgerichtete „Produktion" und „Vermarktung" der eigenen Fähigkeiten und Leistungen – auf dem Arbeitsmarkt wie innerhalb von Betrieben
Selbst-Rationalisierung	Wachsende Durchorganisation von Alltag und Lebensverlauf und Tendenz zur Verbetrieblichung von Lebensführung

Tabelle 3: Merkmale des Typus Arbeitskraftunternehmer
(Quelle: Pongratz & Voß, 2004, S. 24)

Es liegt im Verantwortungsbereich des Arbeitskraftunternehmers, seine Arbeit eigenverantwortlich zu steuern und zu überwachen. Dabei bleibt es ihm selbst
überlassen, wie er die Leistung erbringt. Für das Unternehmen ist nur von Relevanz, dass die Leistung entsprechend den Vorgaben erbracht wird. Aus diesem
Grund wird von Seiten des Unternehmens auf Prozesskontrollen verzichtet und
rein auf Basis von Ergebniskontrollen gearbeitet. Dies führt zu einer wachsenden
Selbst-Kontrolle der Arbeitenden insbesondere bezogen auf die Arbeitszeit, den
Arbeitsort, der fachlichen Flexibilität und der Fähigkeit zur Eigenmotivation.
Gleichzeitig ist es erforderlich, dass sich das Verhältnis zur eigenen Arbeitskraft
als Ware ändert. Der Arbeitskraftbesitzer muss sein „Arbeitsvermögen" unter Berücksichtigung einer potentiellen wirtschaftlichen Nutzung entwickeln und aktiv
verwerten. Diese aktive Entwicklung der individuellen Potenziale stellt jedoch nur
einen Teil der Selbst-Ökonomisierung dar. Arbeitskräfte müssen gezieltes
Selbst-Marketing betreiben, um die Fähigkeiten und Leistungen möglichen Auf-
traggebern anzubieten (Minssen, 2012, S. 110). Diese Art der Selbst-Kontrolle
und Selbst-Ökonomisierung führen zu maßgeblichen Veränderungen des Ver-
hältnisses von Arbeit und Leben des Betroffenen. Die gesamte Lebensorganisa-
tion wird systematisch auf den Erwerb ausgerichtet. Durch diese Selbst-Rationa-

lisierung werden private Organisations- und Kommunikationsmittel wie Terminplaner, Handy oder Laptop unentbehrlich und die Grenzen zwischen Arbeit und Freizeit verwischen. Der Arbeitskraftunternehmer unterhält folglich eine Art „Betrieb", der seine persönliche Arbeitskraft im Rahmen privater Lebensführung herstellt und vermarktet (Pongratz, 2002, S. 13).

Das Modell des Arbeitskraftunternehmers könnte die bisher vorherrschende berufliche Form von Arbeitskraft sukzessive verdrängen (Pongratz, 2002, S. 14). Bereits heute findet sich dieser Typus in bestimmten Erwerbsbereichen überrepräsentiert. Insbesondere sind dies Branchen die stark projektförmig organisiert sind wie beispielsweise im Bereich der Kommunikations- und Informationstechnologien, in Medien- und Kulturberufen, im Weiterbildungssektor, in der Organisationsberatung oder in der New Economy (Pongratz, 2002, S. 16).

Wie genau sich der berufliche Alltag eines Arbeitskraftunternehmers von einem „klassischen" Arbeitnehmer unterscheidet, soll am Beispiel von Frau Müller näher erläutert werden. Frau Müller ist 48 Jahre alt und als Informatikerin seit 19 Jahren in demselben mittelgroßen IT-Unternehmen tätig. Ihr Arbeitsalltag hat sich in den letzten 5 Jahren grundlegend geändert. Während sie früher klare Vorgaben hatte, was, wann, wie, wo und mit wem abgearbeitet werden muss, ist heute nur noch das Ergebnis von Relevanz. Die Anweisungen die Frau Müller von ihrem Vorgesetzten erhält beziehen sich nur noch auf das Projektziel und den zeitlichen Rahmen. Solange Sie das gewünschte Ziel erreicht, kann Frau Müller selbstständig entscheiden, wie lange und von welchem Ort (Büro, Homeoffice) aus sie täglich arbeitet. Sie trägt die gesamte Verantwortung für den Erfolg ihres Projektes und muss dementsprechend ihre Arbeit stetig selbst planen, steuern und überwachen (Selbst-Kontrolle). Frau Müller ist froh, dass Sie nach einer längeren familienbedingten Arbeitspause wieder in ihren alten Beruf zurückkehren konnte. Ihr ist jedoch durchaus klar, dass während ihrer Abwesenheit die technische Entwicklung vorangeschritten ist. Aus diesen Grund absolviert Frau Müller neben ihrer täglichen Arbeit seit 6 Monaten ein Fernstudium im Bereich Medieninformatik. Sie will damit ihre „Wettbewerbsfähigkeit" auf dem Arbeitsmarkt im Falle eines möglichen Jobwechsels verbessern und gleichzeitig ihre Position im Unternehmen stärken. Frau Müller versucht durch Engagement und Fachwissen von sich zu überzeugen und ist deshalb zusätzlich Mitglied des unternehmensinternen Qualitätszirkels, für den sie eigentlich gar keine zeitlichen Ressourcen frei hat (Selbst-Ökonomisierung). Frau Müller möchte das Vertrauen, dass in sie gesetzt wird auf keinen Fall enttäuschen Dies hat zur Konsequenz, dass Frau Müller häufig Arbeit mit nach Haus nimmt. Sie nutzt die Möglichkeit des Homeoffice und hat ihren Tag genauestens durchstrukturiert. Morgens steht Sie früher auf, um noch bevor ihre Tochter aufwacht etwas für das Fernstudium zu tun. Abends, wenn ihre Tochter im Bett ist, arbeitet Sie dann noch an ihren Projekten. Ihr Mann hat verschiedene Tätigkeiten im Haushalt übernommen und ihre Mutter kocht dreimal die Woche, damit Sie mehr Zeit für ihr Studium und ihre Arbeit hat (Selbst-Rationalisierung) (Pongratz, 2002, S. 12). Frau Müller ist dankbar für die Möglichkeit, autark mit freier Zeiteinteilung tätig sein zu können. Dies bietet ihr die Gelegenheit, flexibel auf die Bedürfnisse ihres Kindes z.B. Krankheit reagieren zu können. Auch die Tatsache, dass ihr niemand vorschreibt, wie sie ihre Arbeit zu machen hat, empfindet Frau Müller als einen großen Vorteil. Gleichzeitig ergeben sich jedoch auch gewisse Nachteile. Immer häufiger setzt Frau Müller die vermeintlich große Verantwortung zu und sie hat Angst, Termine nicht einhalten zu können. Sie ist mitunter gestresst und fühlt sich gehetzt und unausgeglichen. Selbst am Wochenende nutzt sie freie „Zeitlücken" um wichtige Projekte schnellst möglich abzuarbeiten. Doch Frau Müller weiß aus Gesprächen mit Kollegen und Freunden, dass es bei denen auch nicht viel anders aussieht. Sie nimmt an, dass dies das neue Arbeitsverständnis unserer heutigen Leistungsgesellschaft ist und wer langfristig beruflich erfolgreich sein möchte, muss sich entsprechend den sich ändernden Gegebenheiten anpassen. Frau Müller versucht ihre privaten und beruflichen Anforderungen durch ein striktes Selbst- und Zeitmanagement zu bewältigen. Früher hatte sie einen klassischen „Nine-to-Five-Job". Dies kann sie sich heute gar nicht mehr vorstellen. Die Grenzen zwischen ihrem Privat- und Arbeitsleben sind mittlerweile verschwommen.

Diese Entwicklung spiegelt sich auch in Managementkonzepten wieder, in denen die Möglichkeiten zur Selbstständigkeit und Eigenverantwortung in der Arbeit als Erfolgsmodelle beworben werden. Dabei wird suggeriert, dass jeder durch den entsprechenden Willen und die Fähigkeit Erfolg haben kann, also selbst über sein berufliches Schicksal bestimmt. Gleichzeitig werden Misserfolge überproportional häufig auf persönliches Versagen zurückgeführt (Pongratz, 2002, S. 16-17). Der Arbeitskraftunternehmer als neuer Typus von Arbeitskraft bringt sowohl Chancen als auch Risiken mit sich. Aus diesem Grund fällt eine vorläufige Bewertung ambivalent aus.

So bietet dieser Typus die Möglichkeit des selbstbestimmten Arbeitens und der flexiblen Gestaltung von Arbeit und Freizeit. Besonders vorteilhaft erweist sich dies für Erwerbstätige, die über das notwendige ökonomische, soziale und kulturelle Kapital verfügen (Pongratz, 2002, S. 17). Für viele Menschen ist ihre Arbeit der elementare Bereich ihres Lebens. Sie entscheiden sich bewusst für diese Form der Arbeit, die es ihnen ermöglicht bestimmte persönliche Ziele und Herausforderungen zu realisieren und zu bewältigen. So ist z.B. ein Manager für einen gewissen Zeitraum freiwillig für sein Unternehmen im Ausland tätig, da er schon immer eine Zeit lang im Ausland leben wollte und somit private und berufliche Ziele verbinden kann (Minssen, 2012, S. 115).

Jedoch birgt der Arbeitskraftunternehmer auch bestimmte Risiken. Die Zielvorgaben müssen eingehalten werden und da man auch zukünftig weiter für das Unternehmen tätig sein bzw. Projekte übernehmen möchte, führt dies zu einem erheblich steigenden Leistungsdruck (Pongratz, 2002, S. 10). Es besteht die Gefahr, dass aufgrund der beruflichen Anforderungen die persönlichen Bedürfnisse vernachlässigt werden und es somit langfristig zu einer ungünstigen Stressentwicklung bis hin zu einem Burnout kommen kann. Durch die Individualisierung der Erwerbslagen wird die Marktmacht der Erwerbstätigen gegenüber den Unternehmen vereinzelt. Tendenziell hat dies eine Verschlechterung der Erwerbslagen zur Folge. Bei Erwerbstätigen die nicht über die notwendigen Ressourcen verfügen besteht das Risiko der Konzentration der Nachteile einer abnehmenden sozialen Regulierung von Arbeit. In Folge dessen könnte eine Schicht neuartiger „Arbeitskraft-Tagelöhner" entstehen. Der Arbeitskraftunternehmer ist gekennzeichnet durch den Wechsel unterschiedlicher Erwerbslagen im Verlauf des Berufslebens. Im Gegensatz zu klassischen Arbeitsverhältnissen die einen stetigen Aufstieg annehmen, müssen Arbeitskraftunternehmer mit wiederholten Phasen von Auf- und Abstieg rechnen und sich stets neuen Bewährungssituationen stellen. Je nach Lebensphase, werden diese Bedingungen unterschiedlich erlebt und bewältigt. Jedoch kann dies hauptsächlich bei älteren Erwerbstätigen ein nicht zu unterschätzendes existenzielles Risiko darstellen (Pongratz, 2002, S. 17).

Aufgabe B3

Die immer weiter fortschreitende Globalisierung führt zu sozialen und ökonomischen Wandlungsprozessen. Diese haben vielfältige Auswirkungen auf die Unternehmen, auf makropolitische Zusammenhänge und auf die individuellen Erwerbsbiographien (Wessler-Possberg & Vomberg, 2007, S. 69).

Dieser Strukturwandel der Erwerbstätigkeit wird im Besonderen durch die Veränderungen der Erwerbsbiographien verdeutlicht. In der Vergangenheit dominierten traditionelle Erwerbsbiographien, die dem festgelegten Muster der drei Lebensabschnitte Ausbildung → Erwerbstätigkeit → Ruhestand folgen. Dabei hat der erste Abschnitt die Funktion der Vorbereitung auf die Arbeitswelt durch Vermittlung von Fertigkeiten und Normen. Der zentrale zweite Abschnitt, die Erwerbstätigkeit bezieht sich auf die eigentliche Berufstätigkeit welche lediglich durch Urlaubs- und Freizeitphasen zur Regeneration unterbrochen wird. Der letzte Abschnitt in Form des Ruhestands soll der wohlverdiente Lohn für die jahrelange Arbeit sein. Dieses Drei-Phasen-Modell wird in den letzten Jahren zusehends durch ein tendenziell fragmentiertes Regime von Aktivitäten mit diskontinuierlichem Charakter ersetzt. Daraus ergeben sich sogenannte fragmentierte bzw. diskontinuierliche Erwerbsbiographien, die sich auf einer zunehmenden Durchdringung bislang getrennter Phasen mit Bestandteilen aus anderen Phasen begründen (Willke, 1999, S. 155-156).

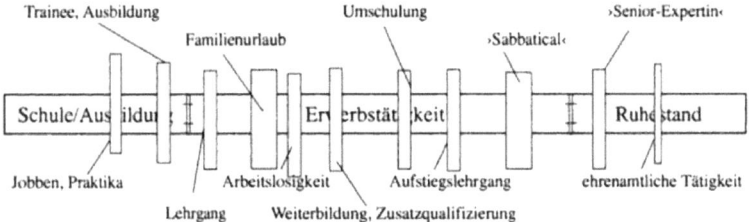

Abbildung 1: Die fragmentierte Erwerbsbiographie
(Quelle: Willke, 1999, S. 157)

Von Diskontinuität im Zusammenhang mit Erwerbsbiographien spricht man, wenn der Lebenslauf eines Menschen von vermehrt auftretenden Unterbrechungen, Brüchen oder Wechsel gekennzeichnet ist. Dies sind beispielsweise eine Arbeitslosigkeit, der Wechsel des erlernten Berufs bzw. des Arbeitsgebers oder ein Sabbatjahr.

Eine Erwerbsbiographie wird durch verschiedene Merkmale als diskontinuierlich klassifiziert. Es treten spezifische Wechsel oder Übergänge nach einem ersten Berufseintritt (nach Ausbildung bzw. Studium oder nach dem 25. Lebensjahr) ein. Dabei kann es sich um einmalige Ereignisse handeln oder auch über eine längere Phase hinweg andauern. Retrospektiv können sie als Ereignisse eingeschätzt werden, die Diskontinuität bilden. Die Wechsel können einerseits einen unterbrechenden Charakter haben (Phasen ohne Erwerbseinkommen) und anderseits nahtlose Übergänge mit sich bringen (Wechsel von Studium in den Beruf). Sowohl der letzte Wechsel als auch der letzte Übergang sind nicht länger als 10 Jahre her (Wessler-Possberg & Vomberg, 2007, S. 66-69).

Im Folgenden werden verschiedene Faktoren näher erläutert, die sich beeinflussend auf Diskontinuität im Erwerbsverlauf auswirken.

Die Erwerbsbiographien von Frauen wiesen im Vergleich zu Männern in der Vergangenheit traditionell eine höhere Diskontinuität aufgrund von Versorgungs- und Wiedereinstiegsphasen nach der Geburt von Kindern auf. Frauen waren im Regelfall nicht die Alleinverdiener des Familieneinkommens, sondern entweder gar nicht oder nur im Rahmen des Hinzuverdienst tätig. In den letzten Jahren hat sich diese klassische Rollenverteilung jedoch gewandelt. Frauen sind immer öfters mit ihrem Partner gleichgestellt oder übernehmen selbst die Haupternährerrolle. Im Gegenzug sind die Männer für die Kindererziehung verantwortlich. Dies wurde jüngst besonders im Rahmen der Elternzeit populär. Entsprechend dieser Entwicklung wandeln sich auch die Erwerbsbiographien und die geschlechtsspezifische Differenzierung nimmt stetig ab (Wessler-Possberg & Vomberg, 2007, S. 44).

Doch nicht nur die Geburt von Kindern sondern wichtige private Lebensereignisse haben Auswirkungen auf den persönlichen Erwerbsverlauf. Sowohl eine Eheschließung als auch eine Ehescheidung kann für beide Partner zu geänderten Lebensumständen führen. Ein Partner lebt beispielsweise in einer anderen

Stadt. Durch den Umzug wird ein Arbeitgeberwechsel notwendig oder durch den hohen Verdienst eines Partners muss der andere Partner nur noch Teilzeit oder gar nicht mehr arbeiten. Auch eigene Krankheiten oder die Pflege eines Angehörigen können beispielsweise zu Unterbrechungen führen.

Neue Arbeitszeitmodelle und der Wunsch nach Selbstverwirklichung wirken sich ebenfalls aus. So führen beispielsweise ein Sabbatjahr, längere Auslandstätigkeiten, bewusst gewählte „Auszeiten" oder eine komplette berufliche Umorientierung zu Diskontinuität.

Veränderte Anforderungen des Arbeitsmarktes erfordern eine stetige Anpassung und fördern somit Diskontinuität. Es ist notwendig, dass Erwerbstätige ihre Beschäftigungsfähigkeit und persönlichen Kompetenzen erhalten und weiter ausbauen. Dies bedeutet sich auch nach dem Studium / Ausbildung stetig weiterzubilden und falls es die Umstände erfordern eine komplett neue Richtung einzuschlagen. Ein weiterer sehr wichtiger Faktor von Diskontinuität stellt die Arbeitslosigkeit dar, also der Wechsel von Erwerbstätigkeit in die Arbeitslosigkeit (Wessler-Possberg & Vomberg, 2007, S. 59-69).

Entscheidend für den weiteren Erwerbsverlauf eines Menschen sind die Gelegenheitsstrukturen beim Berufseintritt. Günstige bzw. ungünstige Arbeitsmarktlagen beim Berufseinstieg wirken sich meist auf den gesamten weiteren Berufsverlauf aus. Zu diesem Ergebnis kam eine große Lebenslaufstudie in der drei Geburtskohorten (1929-31, 1939-41, 1949-51) miteinander verglichen wurden. Es zeigte sich, dass die schlechte Arbeitsmarktlage der Kohorte 1929-31 zu einem Mangel an Lehrstellen und dementsprechend zu mehr Personen die ohne Ausbildung direkt mit der Arbeit begonnen haben, führte. Dieser Anfangsnachteil und das daraus resultierende geringe Berufsprestige wirkten sich nachhaltig aus. Im Gegensatz dazu war die Arbeitsmarktlage der Kohorte 1949-51 zum Zeitpunkt des Erwerbseintritts positiv. Dies führte zu einer Zunahme der Bildungsqualifikationen und damit zu einem höheren Berufsprestige. Dieser Anfangsvorteil blieb langfristig erhalten (Sackmann, 2007, S. 137-138). Diese Ergebnisse verdeutlichen, wie wichtig berufliche Qualifikationen sind und warum besonders gering Qualifizierte weniger Chancen auf dem Arbeitsmarkt haben und tendenziell eher von Phasen der Erwerbslosigkeit betroffen sind.

Ein weiterer Faktor der die Wahrscheinlichkeit von Diskontinuität erhöht, ist der demographische Wandel und damit verbundene Veränderungen der Lebensplanung und -gestaltung. So wird die Bevölkerung immer älter und entsprechend verlängert sich die Lebensarbeitszeit. Ältere Erwerbstätige stehen durch die Erhöhung des Renteneintrittsalters und der Reduzierung der Frührente steigenden Anforderungen gegenüber, die sie zu Diskontinuität zwingen (Wessler-Possberg & Vomberg, 2007, S. 40-41).

Der Anstieg befristeter Beschäftigungsverhältnisse vor allem bei jüngeren Erwerbstätigen fördert Diskontinuität. Die Bereitschaft und Wahrscheinlichkeit zu Wechseln ist bei dieser Beschäftigungsart nachweislich erhöht. Meist folgt ein Unternehmens- oder sogar ein Berufswechsel (Wessler-Possberg & Vomberg, 2007, S. 55-58). Etwa jeder 4,5 Beschäftige (24% Frauen und 22% Männer) zwischen 15 und 24 Jahren arbeitete 2016 in Deutschland befristet. Insgesamt hatten rund 8% aller Beschäftigten einen befristeten Arbeitsvertrag (Statistisches Bundesamt, 2017).

Für die Zunahme der Häufigkeit von Wechseln und Brüchen in der Erwerbsbiographie ist der generelle Anstieg der Arbeitnehmerüberlassung (Leiharbeit, Zeitarbeit, Personal-Service-Agenturen) mit verantwortlich. Zur Abdeckung von Produktionsspitzen und Personalausfällen wählen viele Unternehmen immer häufiger Fremdpersonal anstelle von regulären Neueinstellungen und erreichen somit eine höchst mögliche Flexibilität. Alternativ werden vor allem für einfache Tätigkeiten geringfügig Beschäftigte, sogenannte Mini- und Midi-Jobber, eingestellt. Arbeitsmarktpolitische Instrumente, wie die seit 2003 geltenden Hartz-Gesetze, sollen die Bewältigung der Arbeitslosigkeit ermöglichen und fördern gleichzeitig die Zunahme von Diskontinuität. So wurde z.B. von 2003 bis 2006 mit dem Modell der „Ich-AG" Arbeitslosen für die Existenzgründung ein Zuschuss gewährt. Dies war für 73,8% der Gründer der Ausweg aus der Arbeitslosigkeit wobei ohne die staatliche Förderung mehr als die Hälfte der Gründungen nicht erfolgt wären (Wessler-Possberg & Vomberg, 2007, S. 38-39).

In Anlage 1 ist der Lebenslauf von Sabine Muster beigefügt. Dieser soll beispielhaft zur Erläuterung eines „bunten" Lebenslaufes" dienen. Frau Muster entscheidet sich nach dem Abitur für eine Ausbildung zur Industriekauffrau. Diese Ausbildung bricht sie jedoch nach dem ersten Lehrjahr ab, da ihr die Tätigkeit nicht zusagt. Da sie sich zu diesem Zeitpunkt nicht sicher ist, was genau sie beruflich werden möchte, entschließt sich Frau Muster erst einmal für ein freiwilliges soziales Jahr (FSJ) in Nicaragua. Dort ist sie in einem Kindergarten als Betreuerin tätig und lernt die Landessprache Spanisch. Die Arbeit mit den Kindern hat ihr so gut gefallen, dass sie sich noch in Nicaragua entschließt eine Ausbildung zur Erzieherin zu machen und diese nach ihrer Rückkehr beginnt. Nach erfolgreichem Abschluss der Ausbildung wird Frau Muster in dem Kindergarten übernommen und arbeitet dort einige Jahre bis sie feststellt, dass sie beruflich noch mehr erreichen möchte. Aus diesem Grund kündigt sie ihre Stelle im Kindergarten und beginnt ein Erziehungswissenschafts-Studium. Nach Abschluss ihres Studiums findet Frau Muster nicht sofort eine passende Stelle und ist dazu gezwungen, sich arbeitslos zu melden. Nach einer kurzen Phase der Erwerbslosigkeit findet sie eine Stelle als Projektleiterin im städtischen Jugendzentrum. Frau Musters Lebenslauf entspricht nicht einer normalen Erwerbsbiographie, die durch Kontinuität, einem nahezu lückenlosen Zusammenhang, Stetigkeit und fließenden Übergängen ohne sprunghafte Veränderungen charakterisiert ist (Wessler-Possberg & Vomberg, 2007, S. 41-42). Sie bricht ihre erste Ausbildung ab und entschließt sich nach einem Auslandsaufenthalt für einen komplett anderen Ausbildungsberuf. Auch das späte Studium nach längerer Erwerbstätigkeit entspricht nicht dem klassischen Drei-Phasen-Modell. Die Arbeitslosigkeit nach dem Studium stellt einen weiteren Einschnitt dar. Ihr Lebenslauf ist durch eine Abfolge von Wechseln und Unterbrechungen der beruflichen Entwicklung gekennzeichnet (Unger, 2007, S. 82).

Diskontinuierliche Erwerbsverläufe müssen differenziert betrachtet werden. Einerseits bieten sich Chancen aus der Diskontinuität. So zeigt sich insbesondere bei der Personengruppe der höher Qualifizierten, dass Wechsel, die sie selbst bewirkt haben, im Regelfall als Verbesserung empfunden werden. Frau Muster hat durch z.B. das späte Studium nun ihren Wunschberuf. Des Weiteren bietet Diskontinuität die Möglichkeit zum Aufbau fachlicher und überfachlicher Kompetenzen und fördert somit die Entwicklung interdisziplinärer Fähigkeiten. Frau Muster kommt das eine Jahr Ausbildung zur Industriekauffrau bei ihrer heutigen Arbeit als Projektleiterin zugute, da sie dort den Umgang mit MS Office und das Erstellen korrekter Dokumente erlernt hatte und dies nun benötigt. Im Rahmen ihres FSJ hat sie sowohl soziale Kompetenzen aufgebaut als auch eine Fremdsprache erlernt. Ein Wechsel zwingt Personen zur Wissensaneignung. Daraus resultiert eine bessere Lerngewohnheit und die Wahrscheinlichkeit der Bewältigung neuer Tätigkeitsanforderungen steigt. Andererseits birgt ein diskontinuierlicher Erwerbsverlauf auch gewisse Risiken, da die Personen im Vergleich zu einer Normalbiografie mit vielfältigen Belastungsfaktoren konfrontiert werden. Diese Belastungen können sich sowohl physisch als auch psychisch auf die Gesundheit und das Wohlbefinden der betroffenen Person auswirken. Negative Auswirkungen treten speziell dann auf, wenn Wunsch und Realität widersprüchlich zueinander stehen. Auch die individuelle Ausprägung der Kontroll- und Selbstwirksamkeitsüberzeug einer Person ist entscheidend für die Bewältigung der Belastungen. Frau Muster sieht rückblickend die Arbeitslosigkeit als die psychisch belastendste Zeit ihres gesamten Erwerbsverlaufes. Sie machte sich große existenzielle Sorgen und fühlte sich sehr unwohl mit dem Status als Arbeitslose. Tatsächlich wird Arbeitslosigkeit in unserer Gesellschaft oft als Makel verstanden und mit einer Reihe von negativen Eigenschaften wie faul, liegt anderen auf der Tasche, bequem, mangelnder Einsatz usw. assoziiert (Unger, 2007, S. 102).

Anlagen

Anlage 1: Lebenslauf Sabine Muster

LEBENSLAUF

PERSÖNLICHE DATEN

Name:	Sabine Muster
Kontakt:	Musterweg 1, 11111 Musterhausen
	07171 / 1111, s.muster@yahoo.de
Geburtsdatum/-ort:	03. April 1981 / Musterstadt
Familienstand:	Verheiratet

Bewerbungs-
foto

WERDEGANG

01/2012 bis heute	**JUGENZENTRUM** Ι Musterhausen
	Projektleiterin
09/2011 bis 12/2011	**ARBEITSSUCHEND**
10/2008 bis 08/2011	**MUSTERHOCHSCHULE** Ι Musterstadt
	Studium Erziehungswissenschaft
08/2005 bis 09/2008	**MUSTER KINDERGARTEN** Ι Musterstadt
	Tätigkeit als Erzieherin
09/2002 bis 07/2005	**MUSTER KINDERGARTEN & MUSTERKOLLEG** Ι Musterstadt
	Ausbildung zur staatlich anerkannten Erzieherin
10/2001 bis 08/2002	**FREIWILLIGES SOZIALES JAHR** Ι Nicaragua
	Arbeit in einem Kindergarten
09/2000 bis 09/2001	**MUSTER GMBH & MUSTERBERUFSSCHULE** Ι Musterstadt
	Ausbildung zur Industriekauffrau (IHK) – 1 Lehrjahr
09/1991 bis 07/2000	**MUSTERGYMNASIUM** Ι Musterstadt
	Allgemeine Hochschulreife

WEITERE KENNTNISSE

IT-Kenntnisse	MS Office Ι SAP R/3
Fremdsprachen	Englisch (gute Kenntnisse) Ι Spanisch (gute Kenntnisse)

SONSTIGES

Hobbys	Lesen Ι Basteln Ι Klettern

Musterhausen, den 30.07.2018

(Unterschrift)

Sabine Muster

Literaturverzeichnis

Bärmann, S. & Gauss-Kuntze, C. (2018). Teams entwickeln ist schon schwer, virtuelle noch viel mehr? In B. Covarrubias Venegas, K. Thill & J. Domnanovich (Hrsg.), *Personalmanagement. Internationale Perspektiven und Implikationen für die Praxis* (S. 324-346). Wiesbaden: Springer Gabler.

Dunning, J. H. & Lundan, S. M. (2008). *Multinational enterprises and the global economy* (2nd ed.). Cheltenham: Elgar.

Haywood, M. (1998). *Managing virtual teams. Practical techniques for high-technology project managers* (Artech House professional development library). Boston: Artech House.

Konradt, U. & Hertel, G. (2002). *Management virtueller Teams. Von der Telearbeit zum virtuellen Unternehmen* (Management und Karriere). Weinheim: Beltz.

Minssen, H. (2012). *Arbeit in der modernen Gesellschaft. Eine Einführung* (Studientexte zur Soziologie, 1. Aufl.). Wiesbaden: VS Verlag für Sozialwissenschaften / Springer Fachmedien Wiesbaden GmbH.

Orlikowski, B. (2002). *Management virtueller Teams. Der Einfluss der Führung auf den Erfolg* (Wirtschaftswissenschaft, Betriebswirtschaftliche Aspekte lose gekoppelter Systeme und Electronic Business). Wiesbaden: Deutscher Universitätsverlag.

Pongratz, H. J. (2002). Erwerbstätige als Unternehmer ihrer eigenen Arbeitskraft? In E. Kuda (Hrsg.), *Arbeitnehmer als Unternehmer? Herausforderungen für Gewerkschaften und berufliche Bildung* (S. 8-23). Hamburg: VSA-Verlag.

Pongratz, H. J. & Voß, G. G. (2004). *Arbeitskraftunternehmer. Erwerbsorientierungen in entgrenzten Arbeitsformen* (Forschung aus der Hans-Böckler-Stiftung, Bd. 47, 2., unveränd. Aufl.). Berlin: Ed. Sigma.

Sackmann, R. (2007). *Lebenslaufanalyse und Biografieforschung. Eine Einführung* (Studienskripten zur Soziologie, 1. Aufl.). Wiesbaden: VS Verlag für Sozialwissenschaften / GWV Fachverlage GmbH Wiesbaden.

Unger, H. (2007). Erwerbsbiographien und ihre Träger: Menschen mit diskonti-
nuierlichen Erwerbsbiographien. In E. Vomberg (Hrsg.), *Chancen "bunter Lebensläufe" für KMU und soziale Einrichtungen. Diskontinuität als Potenzial erkennen, nutzen, fördern* (Continuo, S. 77-105). Bielefeld: Bertelsmann.

Wessler-Possberg, D. & Vomberg, E. (2007). Diskontinuität in der Erwerbsbiographie. In E. Vomberg (Hrsg.), *Chancen "bunter Lebensläufe" für KMU und
soziale Einrichtungen. Diskontinuität als Potenzial erkennen, nutzen, fördern*
(Continuo, S. 29-75). Bielefeld: Bertelsmann.

Willke, G. (1999). *Die Zukunft unserer Arbeit*. Frankfurt am Main: Campus Verlag.

Internetquellen

Kauffeld, S. (2014). *Web-Exkurs Virtuelle Teams,* Berlin: Springer. Zugriff am 16.07.2018. Verfügbar unter https://lehrbuch-psychologie.springer.com/sites/default/files/atoms/files/web-exkurs.008.01.pdf

Statistisches Bundesamt. (2017). *Bevölkerung und Erwerbstätigkeit - Ergebnisse des Mikrozensus zum Arbeitsmarkt - Fachserie 1 Reihe 4.1 - 2016* (Reihe 4.1, Tab. 2.14.1). Zugriff am 27.07.2018. Verfügbar unter https://www.destatis.de/DE/Publikationen/Thematisch/Arbeitsmarkt/Erwerbstaetige/ErwerbsbeteiligungBevoelkung2010410167004.pdf?__blob=publicationFile